KB175824

소소한 일상 속 특별한 시간

# 차라의
# 중국어
# 손글씨

글·손글씨 김소희

동양북스

소소한 일상 속 특별한 시간

# 차라의 중국어 손글씨

**초판 인쇄** 2020년 8월 1일 | **초판 발행** 2020년 8월 10일 | **글·손글씨** 김소희 | **발행인** 김태웅 | **책임편집** 신효정 | **디자인** 정혜미, 남은혜 | **마케팅** 나재승, 서재욱, 김귀찬, 오승수, 조경현, 김성준 | **온라인 마케팅** 김철영, 임은희, 김지식 | **제작** 현대순 | **총무** 안서현, 최여진, 강아담, 김소명 | **관리** 김훈희, 이국희, 김승훈 | **발행처** (주)동양북스 | **등록** 제2014-000055호 | **주소** 서울시 마포구 동교로22길 14 (04030) | **전화** (02)337-1737 | **팩스** (02)334-6624
www.dongyangbooks.com
ISBN 979-11-5768-643-8   13720

© 김소희, 2020 | 본 책은 저작권법에 의해 보호를 받는 저작물이므로 무단 전재와 복제를 금합니다. | 잘못된 책은 구입처에서 교환해 드립니다.

이 도서의 국립중앙도서관 출판예정도서목록(CIP)은 서지정보유통지원시스템 홈페이지(http://seoji.go.kr)와
국가자료공동목록시스템(http://www.nl.go.kr/kolisnet)에서 이용하실 수 있습니다.
(CIP제어번호:CIP2020029030)

중국어 '쓰기'를 처음 했던 날을 떠올려 봅니다. 단순히 공부의 의미로서 받아적던 쓰기가 아니라 정말 무언가를 '쓰기 위한 쓰기'로서 중국어를 적어 내려가던 날입니다. 번역가가 되고 오래되지 않았던 어느 봄날, 이상하게 뭘 해도 흥이 나질 않고 손에 잡히지 않던 날이었어요. 그간 블로그에 〈중국어로 힐링해〉라는 콘텐츠로 직접 번역해 올렸던 힐링글을 포스트잇에 하나둘 베껴 적기 시작했습니다.

만년필을 들고 한 땀 한 땀 수를 놓듯 한 글자씩 채워나가기를 두 시간. 다 마치고 나니 어깨도 아프고 팔도 저려오는데 이상하게 기분은 둥둥 떠오르는 것 같았지요. 복잡했던 마음이 깨끗하게 씻긴 듯, 어수선하던 감정이 산뜻하게 정리된 듯 말갛게 떠오르던 그때 그 기분이 아직도 생생합니다. '아, 이래서 필사를 하는 거구나' '쓴다는 건, 참 좋은 거구나'하고 알았지요.

그 후로 간간이 중국어를 쓰고 또 씁니다. 특성상 자주 써보지 않으면 잊어버리는 언어이기도 하지만 중국어 쓰기가 주는 매력이 상당하기 때문입니다. 그림 그리듯 한 획 한 획 정성스레 긋고 점을 찍다 보면 언어로서만 생각되던 중국어가 마치 예술 작품처럼 느껴지기도 하지요. 과제 때문에 혹은 HSK 공부 때문에 바쁘게 쓰고 베끼던 중국어 말고 내 마음의 평안을 위해 천천히 그림 그리듯 정성스럽게 적어 내려가는 중국어 쓰기를 권합니다.

중국어도 다양한 글씨체가 있다는 걸 보여 드리고 또 함께 써 보고 싶어서 단어 파트와 문장 파트의 글씨체를 조금 다르게 써 보았습니다. 중국어 입문자라면 단어 하나 문장 하나 따라 써 보며 중국어의 숨은 매력을 알아가는 시간이, 중고급자라면 중국어의 다양한 글씨체를 함께 써 보고 단어와 문장을 다시금 머릿속에 새겨 넣는 시간이 되었으면 좋겠습니다.

차라(김소희)

**차례**

# #4
## 손글씨의 종착역

# #부록

## 1. 손글씨 시작 전, 차라의 중국어 이야기를 통한 워밍업

손글씨를 연습하기 전에 '차라의 중국어 이야기'를 읽어 보세요. 잠시 공부한다는 생각은 버리고 중국어와 찐하게 연애해 보세요. 어렵게만 느껴졌던 중국어가 조금은 쉽게 다가올 거예요!

## 2. 많이 쓰이는 단어, 문장, 명대사, 사자성어로 느낌 있는 손글씨 연습

차라의 중국어 손글씨는 단어부터 시작해서 짧은 문장, 긴 문장으로 단계별로 연습할 수 있어요. 딱딱한 내용이 아닌 깊은 울림을 주는 문장부터 영화 속 명대사와 힐링 가득한 글귀까지 재미있게 손글씨를 써 볼 수 있답니다.

## 3. 귀여운 손글씨로 감성 가득한 일상 꾸미기!

### ⭐ 마음을 전하는 손글씨 카드

소중한 사람에게 전하고 싶은 말이 있나요? '마음을 전하는 손글씨' 카드를 가족, 친구에게 선물해 보세요. 차라의 손글씨 그대로 선물해도 좋고, 직접 손글씨를 써서 선물할 수도 있답니다.

### ⭐ 차라의 손글씨 스티커

귀여운 손글씨로 일상을 아기자기하게 꾸며 보세요! 차라의 손글씨가 담긴 스티커로 다이어리를 장식한다면, 반복되는 매일이 조금 더 특별해질 거예요.

● 무료 MP3 파일

• **바로 듣기 QR코드**
　스마트폰으로 QR코드를 스캔하면, 다운로드하지 않고 본문 음성을 바로 들을 수 있어요.
• **홈페이지 자료실**
　동양북스 홈페이지(www.dongyangbooks.com)에서 별도의 회원 가입 없이 무료로 음원을 다운로드할 수 있어요.

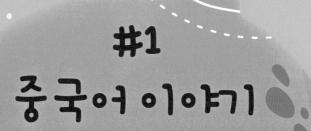

# #1
# 중국어 이야기

# 중국어, 공부는 그만!

지금까지 공부했던 외국어는 영어, 일본어, 독일어, 그리고 중국어. 그러나 현지인과 의사소통을 할 수 있고, 사랑해 마지않는 애정의 대상이며, 생계 수단까지 되어 주는 언어는 제게 중국어밖에 없습니다. 왜 다른 언어들은 의사소통도, 애정의 대상도, 생계 수단도 되어 주지 못했을까요? 심지어 중국어보다 더 오랜 시간 공부했던 영어는 왜 제게 두려움의 대상이 되었을까요?

영어는 언제나 제게 공부였습니다. 일단 책상 앞에 앉아 영어 교재를 펼쳐 들었고, 이면지 위에 단어를 쓰고 또 썼으며, 문법책을 펴고 5형식이니 to 부정사니 하는 것들을 달달 외웠습니다. 미드(미국 드라마)를 보면 도움이 된다길래 남들 다 보던 〈프렌즈〉를 다운 받았지만 흥미를 느끼지 못했고, 팝송을 들으면 좋다길래 이것저것 들어보았지만 자주 듣는 곡은 한정되어 있었습니다. 원어민 선생님이 들어오는 회화 시간에는 눈이 마주치면 시킬까 무서워 책만 뚫어지게 쳐다보았고 복도를 지나가다가도 선생님이 멀리서 보이면 급히 뒤돌아섰습니다.

중국어도 처음엔 제게 공부였습니다. 책상 앞에 앉아 교재를 보다가 단어도 써 보고 문법책을 외우기도 했습니다. 중드(중국 드라마)를 보면 도움이 될까 싶어 〈유성화원(流星花园, 대만판 꽃보다 남자)〉을 보기 시작했지요. 그런데, 유치한 스토리에 웃음 짓다가 남자 주인공(언승욱, 言承旭)에 빠져 한 번 본 드라마를 보고 또 보는 사태가 이어졌고, 여자 주인공(서희원, 徐熙媛)의 중국어 발음에 귀가 솔깃해 '나도 저렇게 중국어를 말하고 싶다!'는 욕심에 급기야는 드라마를 MP3로 녹음해 수시로 듣고 또 듣는 지경에까지 이르렀습니다. 〈유성화원〉 OST를 시작으로 다른 중드와 대드(대만 드라마) OST로 이어진 중국 음악 듣기는 하나

둘 아는 가수가 늘어나면서 자주 듣는 곡들이 기하급수적으로 늘어갔습니다. 중국에서는 한국 사람들보다 중국 친구들과 어울렸고, 그들과 소통이 되는 게 신기해서 한참을 중국 SNS에 빠져 살았습니다. 중국어는 제게 '언어'이자 '사랑'이 되었습니다.

두 언어를 대하는 제 마음가짐이 어떻게 다른지 눈에 보이시나요? 외국어의 목적은 '시험 점수'가 아닌 '의사소통'이 되어야 한다고 생각합니다. 무작정 단어를 손으로 쓰는 것보다 단어를 넣은 문장을 구사해 보는 게 더 중요하고, 무작정 문법을 달달 외우는 것보다 여러 문장을 접하면서 그 속에서 규칙을 스스로 깨닫는 게 더 중요한 것이지요. 그리고 가장 중요한 것은 '흥미'와 '꾸준함'. 이 두 가지가 바탕이 되지 않으면 외국어는 그저 '공부'의 언저리만 맴돌게 될 것입니다. 영어가 제게 그랬듯이요.

그래서 늘 이야기합니다. 중국어, '공부'하지 말고 '연애'하자고. 누군가를 좋아하면 자꾸 보고 싶고, 관찰하고 싶고, 함께 있고 싶잖아요. 중국어에 흥미가 생기면, 누가 시키지 않아도 자꾸 보게 되고 듣게 되고 만나게 됩니다. 이제 중국어 공부 그만 하세요. 중국어와 찐~하게 연애하는 겁니다.

# 중국어, 연애해 볼까?

중국어와 연애를 하는 방법은 간단합니다. 말 그대로 중국어를 애인으로 삼으면 되지요. 보고 또 봐도 자꾸 보고 싶은 게 애인이니까요. 하지만 마음에 들지도 않는 상대를 애인으로 삼을 수는 없잖아요? 다가가고 싶을 만큼의 매력은 있어야죠. 즉, 중국어의 매력과 흥미를 발견하는 것이 중국어와 연애를 시작할 수 있는 방법인 겁니다.

드라마, 영화, 음악 등 중국어에 흥미를 가질 수 있는 매체는 다양합니다. 자신이 좋아하는 장르의 드라마나 영화를 보거나 다양한 음악을 통해 취향에 맞는 중국 가수를 발견할 수도 있겠죠. 이 밖에도 미술이나 요리, 문학, 메이크업 등 관심 있는 분야의 글이나 영상을 중국어로 접하는 것도 흥미를 끌어낼 수 있는 방법입니다. '내가 좋아하는 것'을 '중국어'로 접해 보세요.

이제 중국어에 조금이나마 흥미가 생겼다면, 그다음은 매일 '꾸준히' 만나야 합니다. 그래야 확실히 내 애인으로 만들 수 있으니까요. '중국어'라는 애인이 내 것이 되는 그날까지 매일 중국어를 만나고 관찰하고 보살펴 주고 사랑해 주는 거예요. 외국어는 '배신을 잘하는 애인' 같아서 꾸준히 보살펴 주지 않으면 금방 등을 돌려 버린다는 것, 기억하세요.

저는 중국어와 이렇게 연애했습니다.

## 1. 드라마의 활용

대만 드라마 〈유성화원〉을 시작으로 수많은 대만 드라마를 보다가 중국 드라마로 넘어가면서 정말 많은 작품을 보았습니다. 그중에서도 저를 중국어의 매력에 퐁당 빠뜨려준 〈유성화원〉은 수없이 반복해서 보았고(한국어 자막도 함께), 대본을 구해 프린트한 뒤 잠시 여주인공에 빙의해 대사를 수없이 읽어 보기도 했지요. 마음에 드는 대사나 일상에서 잘 쓰이는 말은 따로 '대사 노트'를 마련해 적어 두었습니다. 물론 대사 노트 역시 보고 또 보기를 소홀히 하지 않았지요.

## 2. 음악의 활용

언제부턴가 한국 음악보다 중국 음악을 훨씬 자주, 오랜 시간 듣게 되었습니다. 취향에 맞는 곡을 듣게 되면 해당 가수의 다른 곡들까지 찾아서 듣곤 했어요. 그렇게 나만의 플레이 리스트를 만들어 두고 수시로 들었습니다. 한국 노래를 들을 때 가사를 애써 한 글자 한 글자 들으려 노력하기보다 멜로디에 빠져 흥얼거리는 것처럼, 중국 노래 역시 즐기 듯 들었어요. 가사를 찾아서 프린트한 뒤 보면서 따라 부르기도 하고, 자기 전에는 이어폰으로 한참을 듣다가 잠들곤 했습니다. 그 과정에서 아주 많은 단어를 자연스럽게 익히게 되었어요. 셀 수 없이 듣고 또 따라 부르다 보면 가사가 입에 붙게 되는데, 그러면서 많은 문장들이 내 것이 되기도 하고요.

### 3. SNS의 활용

트위터는 안 해도 웨이보(微博)에는 빠져 살았습니다. 지금은 뜸하지만, 몇 년 전까지는 사진을 찍어 그때그때의 생각을 서툰 중국어 문장으로나마 표현해 보기도 하고 좋아하는 중국 노래 가사나 인상 깊게 읽은 중국어 문장들을 올리기도 했지요. 꾸준히 글을 올리다 보니 하나둘 중국인 팔로워들이 늘어나고 댓글이 달리기도 하며, 그 속에서 친구를 사귀기도 했습니다. 서로 선물이나 편지를 주고받거나 오프라인에서 실제로 만났던 중국인 친구도 있었지요. 또 SNS에 수시로 올라오는 글들을 자주 읽다 보니 읽기에 속도가 붙고 덤으로 중국의 다양한 소식들까지 얻게 되었고요.

### 4. 책상에 앉아서 하는 공부

중어중문학을 전공했기에 학과 공부는 책상에 앉아 성실히 했고, HSK 시험도 동영상 강의를 들으며 독학으로 공부했습니다. 그런데 드라마와 노래 가사, SNS를 통해 보고 들은 문장과 단어가 많이 쌓이다 보니 문법책을 보아도, 독해를 할 때도 훨씬 수월하게 접근할 수 있었어요.

## 중국어를 쓴다는 것

중국어 번역가, 중국어와 관련된 책을 쓰는 작가, 중국어 분야 파워블로거. 중국어와의 찐~한 연애 끝에 얻게 된 타이틀입니다. 중국 드라마를 보거나 중국 음악을 듣는 게 취미라면 취미인데, 일까지 중국어로 하니 하루라도 중국어를 접하지 않는 날이 일 년 중 며칠이나 될까 싶습니다. 아이러니한 건 이렇게 '기승전 중국어'가 될 수밖에 없는 삶을 살면서도 스트레스로 마음이 답답할 때 저를 위로해 주는 것 역시 중국어라는 사실입니다.

언젠가 일이 손에 잡히지 않을 만큼 우울했던 날이 있었어요. 그날은 하던 일을 모두 접고 제 블로그를 열었습니다. 그동안 〈중국어로 힐링해〉라는 카테고리에 올렸던 중국어 글귀들을 하나하나 종이에 적어 내려갔죠. 슥슥 펜이 미끄러지는 소리와 한 획 한 획 조심스럽게 완성되어 가는 중국어 덕에 저를 우울하게 했던 일들은 어느새 뒤편으로 밀려나 버렸습니다. 쓰기의 위력이었습니다.

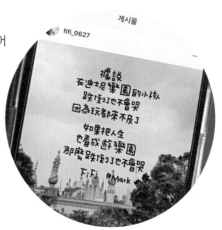

한국어 필사를 할 때는 내게 익숙한 언어인지라 글자의 모양이나 쓰는 방법보다는 글의 내용에 신경을 썼는데, 중국어 필사는 내가 따라 쓰고 있는 글자의 모양이나 획순 등에 초점을 더 맞추게 되어서인지 치유 효과가 더 크게 느껴지더라고요. 그날 이후, 잊고 싶은 괜한 고민, 걱정이 생기면 아무 생각 없이 중국어를 따라 쓰곤 합니다. 분명 멍하니 몇 번이고 따라서 쓰기만 했는데 그 단어가,

문장이 어느새 내 머릿속에 들어와 쑤욱 자리를 잡는 신기한 경험도 합니다. 치유 효과에 학습 효과까지. 중국어 필사, 너무나 좋지 않은가요?

## 중국어 쓰기를 놀이처럼

한자가 익숙하지 않은 서양인들에게 중국어 쓰기는 마치 그림을 그리는 것 같다고 합니다. 한자 문화권에서 살아왔지만, 저 역시 중국어를 처음 배우던 입문 시기에는 중국어를 쓰는 게 마치 그림 그리기처럼 느껴졌어요. 한자에는 익숙해져 있지만, 간체자는 또 다른 문자 같았으니까요. 그래서 책에 있는 대로 한 획 한 획 정성스럽게 '그리던' 기억이 납니다. 그러다 보니 제가 쓰는 중국어는 책 속의 정자체와 닮았습니다. 당시만 해도 중국어는 그렇게 써야만 하는 언어인 줄 알았어요.

16

그런데 어느 날 중국 여행 중 화장품 가게에서 귀여운 글씨체로 적힌 중국어 안내문을 보게 되었습니다. 순간 '오! 중국어도 저런 느낌이 가능하구나' 싶었지요. 마치 어른 문자인 것만 같았던 중국어가 사랑스러운 이웃집 꼬마로 변해버린 듯했어요. 글씨체만 바뀌었을 뿐인데 중국어를 바라보는 시선 자체가 달라지더라고요. 그 느낌이 참 신기했습니다.

그저 문자 그 자체로 중국어를 따라 쓰던 시기를 지나 이제는 '어떤 글씨체로 따라 써 볼까' 하는 즐거운 고민이 늘었습니다. 조금은 진지하고 무거운 느낌으로 써 보고 싶을 때는 제 글씨 그대로 정자체를 선택하고, 중국 웹이나 SNS에서 탐나는 중국어 손글씨가 보이면 저장해 두고 따라 써 보기도 해요. 동글동글 귀엽게도 써 보았다가, 서예 하듯 한껏 멋있게도 써 보았다가. 그러는 동안 중국어 쓰기는 놀이가 됩니다. 중국어 쓰기 놀이, 우리 함께해 볼까요?

# #2
# 단어부터 차근차근

* 기분 및 감정
* 날씨 및 계절
* 가족
* 직장 또는 학교
* 연애
* 취미

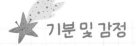 기분 및 감정

**快乐** 快乐
kuàilè
즐겁다

**生气** 生气
shēngqì
화내다

**愤怒** 愤怒
fènnù
분노하다

**忧郁** 忧郁
yōuyù
우울하다

**伤心** 伤心
shāngxīn
슬퍼하다

**害怕**
hàipà
무서워하다

**惊讶**
jīngyà
놀라다

**紧张**
jǐnzhāng
긴장하다

**害羞**
hàixiū
부끄러워하다

**满意**
mǎnyì
만족하다

苦恼　苦恼

kǔnǎo

고민하다

难过　难过

nánguò

괴롭다

遗憾　遗憾

yíhàn

유감스럽다

可惜　可惜

kěxī

아쉽다

尴尬　尴尬

gāngà

난처하다

担心 担心

dānxīn

걱정하다

后悔 后悔

hòuhuǐ

후회하다

想念 想念

xiǎngniàn

그리워하다

失望 失望

shīwàng

실망하다

丢脸 丢脸

diūliǎn

창피하다

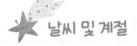
春天　春天

chūntiān

봄

夏天　夏天

xiàtiān

여름

秋天　秋天

qiūtiān

가을

冬天　冬天

dōngtiān

겨울

热　热

rè

덥다

闷热
mēnrè
무덥다

冷
lěng
춥다

寒冷
hánlěng
몹시 춥다

忽冷忽热
hū lěng hū rè
갑자기 추웠다 더웠다 하다

阴
yīn
흐리다

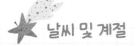 

晴朗　　晴朗

qínglǎng

맑다


暖和　　暖和

nuǎnhuo

따뜻하다


和煦　　和煦

héxù

온화하다, 따사롭다

凉快　　凉快

liángkuai

서늘하다, 선선하다


下雨　　下雨

xià yǔ

비가 내리다

下雪　　下雪
xià xuě
눈이 내리다

打雷　　打雷
dǎléi
천둥이 치다

打闪　　打闪
dǎshǎn
번개가 치다

干燥　　干燥
gānzào
건조하다

潮湿　　潮湿
cháoshī
습하다

가족

爸爸　　爸爸

bàba
아빠

妈妈　　妈妈

māma
엄마

儿子　　儿子

érzi
아들

女儿　　女儿

nǚ'ér
딸

丈夫　　丈夫

zhàngfu
남편

妻子　　妻子
qīzi
아내

哥哥　　哥哥
gēge
형, 오빠

弟弟　　弟弟
dìdi
남동생

姐姐　　姐姐
jiějie
언니, 누나

妹妹　　妹妹
mèimei
여동생

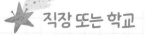 직장 또는 학교

公司　公司

gōngsī
회사

员工　员工

yuángōng
직원

上班族　上班族

shàngbānzú
직장인

办公室　办公室

bàngōngshì
사무실

辞职　辞职

cízhí
사직하다

出差　出差
chūchāi
출장 가다

同事　同事
tóngshì
동료

加班　加班
jiābān
초과 근무

聚餐　聚餐
jùcān
회식하다

月薪　月薪
yuèxīn
월급

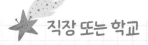
学校 学校

xuéxiào

학교

学习 学习

xuéxí

공부하다

学生 学生

xuésheng

학생

老师 老师

lǎoshī

교사

班主任 班主任

bānzhǔrèn

담임 교사

家长
jiāzhǎng
학부형

上课
shàngkè
수업하다

放假
fàngjià
방학하다

考试
kǎoshì
시험

逃课
táokè
땡땡이치다

연애

告白　告白

gàobái

고백하다

谈恋爱　谈恋爱

tán liàn'ài

연애하다

男(女)朋友　男(女)朋友

nán(nǚ)péngyou

남자(여자) 친구

约会　约会

yuēhuì

데이트하다

情书　情书

qíngshū

연애편지

求婚　求婚
qiúhūn
프러포즈하다

恋人　恋人
liànrén
연인

劈腿　劈腿
pītuǐ
양다리를 걸치다

浪漫　浪漫
làngmàn
로맨틱하다

分手　分手
fēnshǒu
헤어지다

연애

爱情　　　爱情
àiqíng
사랑

情侣　　　情侣
qínglǚ
커플

初恋　　　初恋
chūliàn
첫사랑

单恋　　　单恋
dānliàn
짝사랑

失恋　　　失恋
shīliàn
실연 당하다

**姐弟恋** 姐弟恋

jiědìliàn

연상 연하 커플

**异地恋** 异地恋

yìdìliàn

장거리 연애

**倦怠期** 倦怠期

juàndàiqī

권태기

**一见钟情** 一见钟情

yí jiàn zhōng qíng

첫눈에 반하다

**怦然心动** 怦然心动

pēngrán xīndòng

가슴이 두근거리다

**读书** 读书
dúshū
독서하다

**做菜** 做菜
zuò cài
요리하다

**拍照** 拍照
pāizhào
사진을 찍다

**听音乐** 听音乐
tīng yīnyuè
음악을 듣다

**唱歌** 唱歌
chàng gē
노래를 부르다

逛街　　逛街
guàng jiē
쇼핑하다

拼图　　拼图
pīntú
퍼즐 맞추기

画画　　画画
huà huà
그림을 그리다

玩游戏　　玩游戏
wán yóuxì
게임하다

运动　　运动
yùndòng
운동

취미

旅游    旅游

lǚyóu

여행하다

滑雪    滑雪

huáxuě

스키를 타다

游泳    游泳

yóuyǒng

수영하다

看电视    看电视

kàn diànshì

텔레비전을 보다

爬山    爬山

pá shān

등산하다

40

钓鱼　　钓鱼
diàoyú
낚시하다

书法　　书法
shūfǎ
서예

写作　　写作
xiězuò
글을 쓰다

上网　　上网
shàngwǎng
인터넷을 하다

弹钢琴　　弹钢琴
tán gāngqín
피아노를 치다

# #3
# 한 걸음 더, 문장 쓰기

＊ 자주 쓰는 짧은 문장
＊ 영화 · 드라마 제목
＊ 영화 · 드라마 속 명대사
＊ 노래 가사
＊ 사자성어

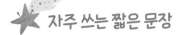

# 你好!　안녕하세요!

Nǐ hǎo!

你好!

# 见到你很高兴。　만나서 반가워요.

Jiàndào nǐ hěn gāoxìng.

见到你很高兴。

# 初次见面。　처음 뵙겠습니다.

Chūcì jiànmiàn.

初次见面。

# 再见!　다음에 만나요!

Zàijiàn!

再见!

# 好久不见。 오랜만이에요.

Hǎojiǔ bú jiàn.

好久不见。

# 过得好吗？ 잘 지내세요?

Guò de hǎo ma?

过得好吗？

# 你怎么在这儿？ 여기는 어쩐 일이세요?

Nǐ zěnme zài zhèr?

你怎么在这儿？

# 一切都好吧？ 별 일 없죠?

Yíqiè dōu hǎo ba?

一切都好吧？

45

祝你生日快乐。　생일 축하해요.

Zhù nǐ shēngrì kuàilè.

祝你生日快乐。

新年快乐。　새해 복 많이 받으세요.

Xīnnián kuàilè.

新年快乐。

祝贺你。　축하해요.

Zhùhè nǐ.

祝贺你。

祝你万事如意。　모든 일이 잘되길 빌어요.

Zhù nǐ wàn shì rú yì.

祝你万事如意。

谢谢你。 고마워요.

Xièxie nǐ.

谢谢你。

非常感谢。 정말 감사합니다.

Fēicháng gǎnxiè.

非常感谢。

辛苦了。 수고했어요.

Xīnkǔ le.

辛苦了。

过奖了。 과찬이세요.

Guòjiǎng le.

过奖了。

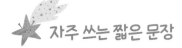 

# 对不起。 미안해요.

Duìbuqǐ.

对不起。

# 我错了。 제가 잘못했어요.

Wǒ cuò le.

我错了。

# 给你添麻烦了。 폐를 끼쳤네요.

Gěi nǐ tiān máfan le.

给你添麻烦了。

# 没关系。 괜찮아요.

Méi guānxi.

没关系。

# 怎么了？ 왜 그래요?

Zěnme le?

怎么了？

# 有什么事吗？ 무슨 일 있어요?

Yǒu shénme shì ma?

有什么事吗？

# 今天几号？ 오늘이 며칠이에요?

Jīntiān jǐ hào?

今天几号？

# 你有时间吗？ 시간 있어요?

Nǐ yǒu shíjiān ma?

你有时间吗？

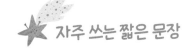 

# 这个多少钱？ 이거 얼마예요?

Zhège duōshao qián?

这个多少钱？

# 太贵了。 너무 비싸요.

Tài guì le.

太贵了。

# 便宜点吧。 깎아 주세요.

Piányi diǎn ba.

便宜点吧。

# 可以打折吗？ 할인되나요?

Kěyǐ dǎzhé ma?

可以打折吗？

# 太有意思了。 너무 재미있어요.

Tài yǒu yìsi le.

太有意思了。

# 真的吗？ 정말요?

Zhēn de ma?

真的吗？

# 吓我一跳! 깜짝이야!

Xià wǒ yí tiào!

吓我一跳!

# 真不敢相信。 정말 믿기지가 않아요.

Zhēn bù gǎn xiāngxìn.

真不敢相信。

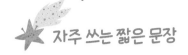 

# 别担心。 걱정하지 마세요.

Bié dānxīn.

别担心。

# 别生气。 화내지 마세요.

Bié shēngqì.

别生气。

# 别开玩笑。 농담하지 마세요.

Bié kāi wánxiào.

别开玩笑。

# 没有办法。 어쩔 수 없어요.

Méiyǒu bànfǎ.

没有办法。

# 需要帮忙吗？ 도와 드릴까요?

Xūyào bāngmáng ma?

需要帮忙吗？

# 请稍等一下。 잠시만 기다려 주세요.

Qǐng shāo děng yíxià.

请稍等一下。

# 拜托你了。 부탁드릴게요.

Bàituō nǐ le.

拜托你了。

# 今天我请客。 오늘은 제가 쏠게요.

Jīntiān wǒ qǐngkè.

今天我请客。

# 玩具总动员

Wánjù zǒngdòngyuán

토이스토리

玩具总动员

# 爱乐之城

Àiyuè zhī chéng

라라랜드

爱乐之城

# 复仇者联盟

Fùchóuzhě liánméng

어벤져스

复仇者联盟

# 星际穿越

Xīngjì chuānyuè

인터스텔라

星际穿越

55

# 杀人者的记忆法
Shārénzhě de jìyìfǎ

살인자의 기억법

杀人者的记忆法

# 与神同行
Yǔ shén tóngxíng

신과 함께

与神同行

# 寄生虫

Jìshēngchóng

기생충

寄生虫

# 我们的幸福时光

Wǒmen de xìngfú shíguāng

우리들의 행복한 시간

我们的幸福时光

# 那些年我们一起追的女孩

Nàxiē nián wǒmen yìqǐ zhuī de nǚhái

그 시절, 우리가 좋아했던 소녀

那些年我们一起追的女孩

# 致我们单纯的小美好

Zhì wǒmen dānchún de xiǎo měihǎo

우리의 순수하고 아름답던 시절에게 (치아문단순적소미호)

致我们单纯的小美好

58

# 爱情是从告白开始的

Àiqíng shì cóng gàobái kāishǐ de

사랑의 시작은 고백에서부터

爱情是从告白开始的

# 我只喜欢你

Wǒ zhǐ xǐhuan nǐ

너만 좋아해

我只喜欢你

# 天空之城

Tiānkōng zhī chéng

스카이캐슬

天空之城

# 罗曼史是别册附录

Luómànshǐ shì biécè fùlù

로맨스는 별책부록

罗曼史是别册附录

# 鬼怪
Guǐguài

도깨비

鬼怪

# 我亲爱的朋友们
Wǒ qīn'ài de péngyǒumen

디어 마이 프렌즈

我亲爱的朋友们

61

# 过去的事让它过去，不要再回首。

Guòqù de shì ràng tā guòqù, bú yào zài huíshǒu.

지난 일은 흘려보내고 다시는 생각하지 마.

过去的事让它过去，不要再回首。

# 你是从什么时候开始不爱我的？

Nǐ shì cóng shénme shíhou kāishǐ bú ài wǒ de?

언제부터 날 사랑하지 않게 된 거야?

你是从什么时候开始不爱我的？

# 拥有是失去的开始吗?

Yōngyǒu shì shīqù de kāishǐ ma?

소유는 상실의 시작인 걸까?

拥有是失去的开始吗?

# 恐怕以后没机会了.

Kǒngpà yǐhòu méi jīhuì le.

다음엔 기회가 없을지도 몰라.

恐怕以后没机会了.

有人说你爱一个人多久，

Yǒu rén shuō nǐ ài yí ge rén duōjiǔ,

就要用多久的时间去忘记他。

jiù yào yòng duōjiǔ de shíjiān qù wàngjì tā.

누가 그러는데 사랑했던 사람을 잊으려면,
사랑했던 그만큼의 시간이 걸린대.

有人说你爱一个人多久，

就要用多久的时间去忘记他。

我们之所以会分开是

Wǒmen zhīsuǒyǐ huì fēnkāi shì

有迫不得已的苦衷，

yǒu pò bù dé yǐ de kǔzhōng,

但在那个时候

dàn zài nàge shíhou

这个决定对我们是最好的。

zhège juédìng duì wǒmen shì zuì hǎo de.

우리가 헤어진 건 정말 고통스러운 일이었지만,
그래도 그때는 그 결정이 우리에겐 최선이었어.

我们之所以会分开是

有迫不得已的苦衷，

但在那个时候

这个决定对我们是最好的。

65

到底是我们改变了这个世界,

Dàodǐ shì wǒmen gǎibiànle zhège shìjiè,

还是世界改变了我们。

háishi shìjiè gǎibiànle wǒmen.

대체 우리가 세상을 변화시킨 걸까,
아니면 세상이 우릴 변하게 한 걸까.

到底是我们改变了这个世界,

还是世界改变了我们。

# 如果你真的喜欢就要好好把握。

Rúguǒ nǐ zhēn de xǐhuan jiù yào hǎohǎo bǎwò.

## 要不然会后悔一辈子。

Yàobùrán huì hòuhuǐ yíbèizi.

정말 좋아하면 꼭 붙잡아.
안 그러면 평생 후회할 테니까.

如果你真的喜欢就要好好把握。

要不然会后悔一辈子。

67

失败并不可怕，

Shībài bìng bù kěpà,

害怕失败才真正可怕。

hàipà shībài cái zhēnzhèng kěpà.

실패는 두려운 게 아냐,
실패를 겁내는 마음이야말로 진짜 두려운 거지.

失败并不可怕，

害怕失败才真正可怕。

# 如果现在放弃的话，

Rúguǒ xiànzài fàngqì de huà,

# 就不会有奇迹出现！

jiù bú huì yǒu qíjì chūxiàn!

지금 포기해 버린다면,
기적은 일어나지 않을 거야!

如果现在放弃的话，

就不会有奇迹出现！

爱一个人很难。

Ài yí ge rén hěn nán.

放弃自己心爱的人更难。

Fàngqì zìjǐ xīn'ài de rén gèng nán.

누군가를 사랑하는 건 쉽지 않아.
사랑하는 사람을 포기해야 하는 건 더욱 그렇지.

爱一个人很难。

放弃自己心爱的人更难。

# 我喜欢你，

Wǒ xǐhuan nǐ,

# 我一天比一天都更喜欢你！

wǒ yì tiān bǐ yì tiān dōu gèng xǐhuan nǐ!

널 좋아해,
날이 가면 갈수록 더 좋아진다고!

我喜欢你，

我一天比一天都更喜欢你！

71

不知道是他们那个时代太单纯，

Bù zhīdào shì tāmen nàge shídài tài dānchún,

还是我们太复杂。那时候，

háishi wǒmen tài fùzá. Nà shíhou,

认定一个人就是一辈子，

rèndìng yí ge rén jiùshì yíbèizi,

而现在即使在一起了，

ér xiànzài jíshǐ zài yìqǐ le,

还是会怀疑是不是真爱。

háishi huì huáiyí shì bu shì zhēn'ài.

그 시대 사람들이 너무 순수했던 건지,
아니면 우리가 너무 복잡한 건지 모르겠어.
그때는 평생 한 사람만 확신했는데,
지금은 함께 하면서도
진짜 사랑인지 아닌지 의심하곤 하잖아.

不知道是他们那个时代太单纯，

还是我们太复杂。　那时候，

认定一个人就是一辈子，

而现在即使在一起了，

还是会怀疑是不是真爱。

我也想要幸福，

Wǒ yě xiǎng yào xìngfú,

我也想要完全的依赖。

wǒ yě xiǎng yào wánquán de yīlài.

想要毫无保留地被爱或者去爱。

Xiǎng yào háowú bǎoliú de bèi ài huòzhě qù ài.

나도 행복해지고 싶어,
나도 마냥 기대고 싶어.
아낌없이 사랑받고 사랑하고 싶다고.

我也想要幸福，

我也想要完全的依赖。

想要毫无保留地被爱或者去爱。

# 感情是两个人的事，

Gǎnqíng shì liǎng ge rén de shì,

# 爱是相互的。

ài shì xiānghù de.

감정은 두 사람이 만드는 거야,
사랑은 상호적인 거라고.

感情是两个人的事，

爱是相互的。

多希望我的人生字典里

Duō xīwàng wǒ de rénshēng zìdiǎn lǐ

能出现如果两个字。

néng chūxiàn rúguǒ liǎng ge zì.

那样也许我就不用后悔了。

Nàyàng yěxǔ wǒ jiù bú yòng hòuhuǐ le.

내 인생 사전에 '만약'이란 두 글자가 있다면 얼마나 좋을까.
그럼 후회할 필요도 없을 텐데.

多希望我的人生字典里

能出现如果两个字。

那样也许我就不用后悔了。

# 谢谢你，

Xièxie nǐ,

# 你让我知道什么叫做真的爱一个人。

nǐ ràng wǒ zhīdào shénme jiàozuò zhēn de ài yí ge rén.

고마워,
누군가를 진짜 사랑한다는 게 먼지 알게 해 줘서.

谢谢你，

你让我知道什么叫做真的爱一个人。

81

其实人生吧，真的挺不公平的。

Qíshí rénshēng ba, zhēn de tǐng bù gōngpíng de.

有些人轻轻松松就能找到

Yǒuxiē rén qīngqīng sōngsōng jiù néng zhǎodào

自己的爱情，

zìjǐ de àiqíng,

可有些人找来找去却什么也找不着。

kě yǒuxiē rén zhǎo lái zhǎo qù què shénme yě zhǎo bu zháo.

솔직히 인생이란 게 참 불공평한 것 같아.
쉽게 자신의 사랑을 찾는 사람들도 있지만,
어떤 사람들은 찾고 또 찾아도 아무것도 찾지 못하잖아.

其实人生吧，真的挺不公平的。

有些人轻轻松松就能找到

自己的爱情，

可有些人找来找去却什么也找不着。

谢谢你喜欢我。

Xièxie nǐ xǐhuan wǒ.

我也很喜欢, 当年喜欢你的我。

Wǒ yě hěn xǐhuan, dāngnián xǐhuan nǐ de wǒ.

你永远是我眼中的苹果。

Nǐ yǒngyuǎn shì wǒ yǎn zhōng de píngguǒ.

날 좋아해 줘서 고마워.
나도 널 좋아했던 그대의 내가 좋아.
넌 영원히 내게 소중한 사람이야.

谢谢你喜欢我。

我也很喜欢,当年喜欢你的我。

你永远是我眼中的苹果。

我除了我爱你比你爱我多以外,

Wǒ chúle wǒ ài nǐ bǐ nǐ ài wǒ duō yǐwài,

我没有任何条件比你好。

wǒ méiyǒu rènhé tiáojiàn bǐ nǐ hǎo.

네가 날 사랑하는 것보다 내가 널 더 사랑한다는 것,
그거 말고 내가 너보다 나은 건 하나도 없어.

我除了我爱你比你爱我多以外,

我没有任何条件比你好。

# 缘分，某一瞬间的不期而遇。

Yuánfèn, mǒu yíshùnjiān de bù qī ér yù.

**인연이란, 어느 한 순간의 우연한 만남.**

缘分，某一瞬间的不期而遇。

83

在婚姻里边呢，

Zài hūnyīn lǐbian ne,

谁也不是谁的救世主，

shéi yě bú shì shéi de jiùshìzhǔ,

谁也别想改变谁，

shéi yě bié xiǎng gǎibiàn shéi,

只有精神上的完全信任和理解，

zhǐyǒu jīngshen shang de wánquán xìnrèn hé lǐjiě,

这段婚姻才能维持下去。

zhè duàn hūnyīn cái néng wéichí xiàqù.

결혼 안에서는
누가 누구의 구세주도 아니고
상대를 변화시킬 생각도 말아야 돼.
정신적으로 충분히 상대를 신뢰하고
이해해야만 결혼을 유지해 갈 수 있는 거야.

在婚姻里边呢，

谁也不是谁的救世主，

谁也别想改变谁，

只有精神上的完全信任和理解，

这段婚姻才能维持下去。

其实离别怎么会不伤感。

Qíshí líbié zěnme huì bù shānggǎn.

只是人长大了，

Zhǐshì rén zhǎngdà le,

总得开始习惯告别。

zǒng děi kāishǐ xíguàn gàobié.

헤어짐이 어찌 슬프지 않을 수 있을까.
다만 어른이 되었기에,
작별 인사에도 익숙해져야 하는 것이다.

其实离别怎么会不伤感。

只是人长大了，

总得开始习惯告别。

我要把对你的思念写下来

wǒ yào bǎ duì nǐ de sīniàn xiě xiàlái

不然哪一天忘记了怎么办

bùrán nǎ yì tiān wàngjìle zěnmebàn

要把对你的爱大声唱出来

yào bǎ duì nǐ de ài dàshēng chàng chūlái

一直唱一直唱还要一起唱

yìzhí chàng yìzhí chàng hái yào yìqǐ chàng

너에 대한 그리움을 써 나갈 거야
안 그럼 언젠가 잊혀질 텐데 어떡해
너에 대한 사랑을 크게 노래할 거야
계속 계속 그리고 같이 노래할래

我要把对你的思念写下来

不然哪一天忘记了怎么办

要把对你的爱大声唱出来

一直唱一直唱还要一起唱

爱情不是三言两语就可以说得清

àiqíng bú shì sān yán liǎng yǔ jiù kěyǐ shuō de qīng

有时一个眼神就能看透真心

yǒushí yí ge yǎnshén jiù néng kàntòu zhēnxīn

虽然你也可以选择逃避或置之不理

suīrán nǐ yě kěyǐ xuǎnzé táobì huò zhì zhī bù lǐ

但你知道的，我还是会等你

dàn nǐ zhīdào de, wǒ háishi huì děng nǐ

몇 마디 말로는 설명할 수 없는 사랑
때론 눈빛 하나에 진심이 보이기도 해
어쩌면 넌 도망칠지도, 날 외면할지도 모르지만
그래도 난 여전히 기다릴 거야, 너도 알잖아

爱情不是三言两语就可以说得清

有时一个眼神就能看透真心

虽然你也可以选择逃避或置之不理

但你知道的，我还是会等你

你有没有想过　我会有多难过

nǐ yǒu méiyǒu xiǎngguò　wǒ huì yǒu duō nánguò

还是比起我更向往自由

háishi bǐqǐ wǒ gèng xiàngwǎng zìyóu

你已经走远，可我仍然逃不出昨天

nǐ yǐjīng zǒu yuǎn, kě wǒ réngrán táo bu chū zuótiān

求回忆　放我走

qiú huíyì　fàng wǒ zǒu

내가 얼마나 힘들지 생각해 본 적 있니
그래도 나보단 자유가 먼저였을까
넌 이미 멀리 가 버렸는데
난 여전히 어제를 벗어나지 못해
추억아, 날 제발 놓아 줘

你有没有想过 我会有多难过

还是比起我更向往自由

你已经走远，可我仍然逃不出昨天

求回忆 放我走

情太深, 想太多, 才擦肩而过

qíng tài shēn, xiǎng tài duō, cái cā jiān ér guò

什么都可以错, 别再错过我

shénme dōu kěyǐ cuò, bié zài cuòguò wǒ

你在哪里, 请跟我联络

nǐ zài nǎlǐ, qǐng gēn wǒ liánluò

사랑이 너무 깊어서, 생각이 너무 많아서, 스쳐 보내게 되는 걸까
다른 건 다 놓쳐도, 다신 날 놓치지 마
어디 있니, 내게 연락해 줄래

MP3 37

情太深，想太多，才擦肩而过

什么都可以错，别再错过我

你在哪里，请跟我联络

95

怕是青春还没开始就已划上了句点

pà shì qīngchūn hái méi kāishǐ jiù yǐ huáshàngle jùdiǎn

怕是我们还没熟络就已生疏的寒暄

pà shì wǒmen hái méi shúluò jiù yǐ shēngshū de hánxuān

往事浮现, 没完的故事绵绵

wǎngshì fúxiàn, méi wán de gùshi miánmián

时间还在变, 我们还在变,

shíjiān hái zài biàn, wǒmen hái zài biàn,

但请你相信

dàn qǐng nǐ xiāngxìn

아직 시작도 못한 청춘에 마침표가 찍힌 건 아닐까
아직 가까워지지도 못한 우리가 서툰 인사만 건넨 건 아닐까
지난 일들이 떠올라. 끝나지 않은 이야기들이 끝없이.
시간도, 우리도 변해 가고 있지만.
이것만은 믿어 줘.

怕是青春还没开始就已划上了句点

怕是我们还没熟络就已生疏的寒暄

往事浮现，没完的故事绵绵

时间还在变，我们还在变，

但请你相信

说爱你已来不及，

shuō ài nǐ yǐ láibují,

所有的话留在心里

suǒyǒu de huà liúzài xīnlǐ

我一定会成为更好的自己

wǒ yídìng huì chéngwéi gèng hǎo de zìjǐ

你给我最好的回忆，

nǐ gěi wǒ zuì hǎo de huíyì,

我依然放在心底

wǒ yīrán fàngzài xīndǐ

사랑한단 말은 이미 늦은 것 같아서 모두 다 마음에 담아둘 뿐야
더 나은 내가 될게
네가 준 최고의 추억들 여전히 내 맘속에 남아 있어

说爱你已来不及，

所有的话留在心里

我一定会成为更好的自己

你给我最好的回忆，

我依然放在心底

谢谢你曾出现在我生命里

xièxie nǐ céng chūxiàn zài wǒ shēngmìng li

偶尔还是会想起你

ǒuěr háishi huì xiǎngqǐ nǐ

我会好好照顾自己

wǒ huì hǎohǎo zhàogù zìjǐ

让回忆轻轻的睡去

ràng huíyì qīngqīng de shuì qù

내 삶에 나타나 주었던 네게 감사해
역시나 가끔 네 생각이 나겠지
나도 잘 지낼게
추억은 조금씩 잠들게 두자

谢谢你曾出现在我生命里

偶尔还是会想起你

我会好好照顾自己

让回忆轻轻的睡去

时光遗忘的背面独坐残破的台阶

shíguāng yíwàng de bèimiàn dú zuò cánpò de táijiē

哪个乱世没有离别

nǎge luànshì méiyǒu líbié

天空和我的中间只剩倾盆的思念

tiānkōng hé wǒ de zhōngjiān zhǐ shèng qīngpén de sīniàn

如果相识,不能相恋,

rúguǒ xiāngshí, bù néng xiāngliàn,

是不是还不如擦肩

shì bu shì hái bùrú cā jiān

잃어버린 시간의 뒷편 낡아 빠진 계단 위에 홀로 앉아 보네
이별 없는 어지러운 세상이란 없겠지
하늘과 나 사이엔 퍼붓는 그리움만 남아 있을 뿐
만났지만 사랑할 수 없다면
차라리 스쳐가는 게 좋을지도

时光遗忘的背面独坐残破的台阶

哪个乱世没有离别

天空和我的中间只剩倾盆的思念

如果相识，不能相恋，

是不是还不如擦肩

 **사자성어**

# 爱不释手
### ài bú shì shǒu

'사랑해서(爱) 손을 풀지 않는다(不释手)'로 풀이되는 성어입니다. 무척이나 아끼는 마음에 손에 꼭 쥐고 애지중지 놓지 못하는 모습이 연상되죠? 중국 맥도날드에 가면 매장의 광고 멘트에서 자주 들리던 성어입니다.

爱不释手　　爱不释手

# 拔苗助长
### bá miáo zhù zhǎng

한 글자씩 풀어 볼까요? 拔(뽑아요)–苗(모를)–助(도와요)–长(성장을). 모를 뽑아서 성장을 돕다? 즉, 모가 빨리 자랐으면 하는 마음에 기다리지 못하고 빨리 자라도록 모를 뽑았다는 뜻이에요. 저절로 자라도록 두고 지켜봐야 하는데 모를 직접 뽑아 버리면 어떻게 될까요? 결과는 말할 필요도 없을 겁니다. 급하게 일을 서두르다 오히려 일을 망치게 되어 버리죠.

拔苗助长　　拔苗助长

# 半途而废
*bàn tú ér fèi*

HSK 6급 단어이자 일상에서 자주 쓰는 성어입니다. 반 정도 길을 가다가(半途) 포기한다(废)라는 뜻이에 요. 즉, 어떤 일을 할 때 끝까지 해내지 않고 중도에 그만두는 것을 의미합니다. 중국어 공부, '半途而废'하면 안 되겠죠?

半途而废    半途而废

# 酸甜苦辣
*suān tián kǔ là*

시고(酸) 달고(甜) 쓰고(苦) 매운(辣) 맛. 우리가 미각을 통해 느낄 수 있는 모든 맛이 차례로 나열되었습니다. 이것을 인생에 비유해 보면, 이 성어가 담고 있는 의미를 짐작할 수 있어요. 살면서 경험하는 인생의 쓴 맛 단맛, 온갖 고초와 어려움을 뜻한답니다.

酸甜苦辣    酸甜苦辣

# 鸡毛蒜皮

jī máo suàn pí

닭털(鸡毛)과 마늘 껍질(蒜皮)이라니 무슨 뜻일까요? 이 성어는 유래가 무척 재미있습니다. 옛날 중국에 닭을 팔아 생계를 유지하는 동쪽 집과 마늘을 팔아 먹고 사는 서쪽 집이 있었어요. 동쪽 집은 아침부터 닭털을 뽑느라 마당 가득 닭털이 가득했고, 서쪽 집은 마늘을 까느라 마당이 마늘 껍질로 수북했답니다. 그러던 어느 날 동풍이 불면 닭털이 서쪽 집으로, 서풍이 불면 마늘 껍질이 동쪽 집으로 날아가 버리면서 두 이웃은 싸움까지 벌이게 되죠. 다툼이 잦아지고 점점 커지자 결국 관아에 가서 심문을 받게 되었는데, 그때 현관(县官)이 '겨우 닭털과 마늘 껍질 같은 작은 일로 관아까지 오느냐!'라고 호통을 쳤다고 해요. 그 이후로 '닭털과 마늘 껍질'은 사소한 일, 가치가 없는 물건 등을 의미하는 말로 사용되었답니다.

鸡毛蒜皮　　　鸡毛蒜皮

# 藕断丝连

ǒu duàn sī lián

한 글자씩 해체해 보면, 연뿌리(藕)가 끊어졌는데(断) 연뿌리에서 나는 실(丝)은 이어져 있다(连)라는 뜻입니다. 연뿌리(연근)는 잘라도 그 속의 끈끈한 실은 쉽게 끊어지지 않고 거미줄처럼 주욱 늘어난다고 해요. 중국인들은 그 모습을 보면서 남녀 관계를 떠올렸습니다. 잘린 연근처럼 완전히 끝난 사이인데도 미련과 옛정이 남아 연근 속의 실처럼 완전히 끊어내지 못하고 이어지는 사이. '藕断丝连'은 그러한 관계를 비유할 때 사용하는 사자성어지요.

藕断丝连　　藕断丝连

# 腰缠万贯

yāo chán wàn guàn

한 글자씩 살펴보면 허리(腰)에-휘감고 다님(缠)-만관(万贯)을, 이렇게 해석이 됩니다. 그럼 '만관'이 뭘까요? 관(贯)은 엽전 꾸러미를 나타내는 양사라고 해요. 옛날에 쓴 말인데, 당시에는 엽전 1,000개를 꿰어서 1관으로 나타냈다고 합니다. 즉, 만관이면 엽전이 천만 개가 되겠죠? 그만큼 엄청난 돈 꾸러미를 허리에 휘감고 다닌다는 의미이니 돈 많은 사람, 부유한 사람을 비유할 때 쓰는 성어라는 걸 알 수 있습니다.

腰缠万贯　　腰缠万贯

# 千钧一发

qiān jūn yí fà

'千'은 우리가 알고 있는 숫자 '천(1,000)', '钧'은 고대에 사용했던 '균'이라는 양사인데 1균이 三十斤(30근), 즉 15킬로그램 정도라고 합니다. 그렇다면 千钧은 1,000균이니까 3만 근이 되겠죠? 3만 근이면 15,000 킬로그램이니까 15톤이 됩니다. (갑분수학…) 엄청난 무게네요. 이어지는 '一发'는 '一根头发(머리카락 한 가닥)'을 뜻해요. 정리해 보면 1,000균(15톤)과 머리카락 한 가닥으로 풀이됩니다. 머리카락 한 가닥에 15 톤에 버금가는 무게의 물건이 매달려 있는 거예요. 어떤가요? 간당간당, 아슬아슬, 위험하고 아찔해 보이죠? 위기일발, 일촉즉발의 순간에 사용하는 성어랍니다.

# #4
# 손글씨의 종착역

* 중국어로 힐링해
* 내 마음대로 연습장

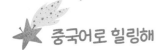 

放下过去的最好方法，

Fàngxià guòqù de zuì hǎo fāngfǎ,

就是过好你的现在。

jiù shì guòhǎo nǐ de xiànzài.

频频回头的人，

Pínpín huítóu de rén,

一定是现在混得不好。

yídìng shì xiànzài hùn de bù hǎo.

과거를 내려놓는 가장 좋은 방법은,
오늘을 잘 살아가는 것.
자꾸 뒤를 돌아보는 건
오늘이 불행해서니까.

放下过去的最好方法，

就是过好你的现在。

频频回头的人，

一定是现在混得不好。

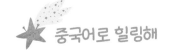 

一辈子不长，好好珍惜吧，

Yíbèizi bù cháng, hǎohǎo zhēnxī ba,

有生之年，多做点自己喜欢的事情，

yǒu shēng zhī nián, duō zuò diǎn zìjǐ xǐhuan de shìqing,

让自己过得开心一些，

ràng zìjǐ guò de kāixīn yìxiē,

不要让某人或某事，

bú yào ràng mǒurén huò mǒushì,

败坏了心情，蹉跎了岁月。

bàihuàile xīnqíng, cuōtuóle suìyuè.

길지 않은 우리 삶, 소중히 아껴 가요.
살아 있는 동안 하고 싶은 일 마음껏 하면서
좀 더 즐겁게.
그 누구 혹은 그 어떤 일 때문에
내 마음이 망가지거나 이 세월을 버리지 않도록.

一辈子不长,好好珍惜吧,

有生之年,多做点自己喜欢的事情,

让自己过得开心一些,

不要让某人或某事,

败坏了心情,蹉跎了岁月。

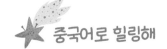 

不要以为时间还早，不要以为年纪

Bú yào yǐwéi shíjiān hái zǎo, bú yào yǐwéi niánjì

还小，不要以为生命很长，

hái xiǎo, bú yào yǐwéi shēngmìng hěn cháng,

不要以为过了今天还有明天过了

bú yào yǐwéi guòle jīntiān hái yǒu míngtiān guòle

明天还有后天，每个人都不知道

míngtiān hái yǒu hòutiān, měi ge rén dōu bù zhīdào

死亡和明天哪一个会先来。

sǐwáng hé míngtiān nǎ yí ge huì xiān lái.

아직 이르다고, 아직 어리다고, 삶은 길다고, 오늘이 지나면 내일이,
내일이 지나면 또 모레가 올 거라고 생각하지 말아요.
죽음과 내일, 어느 것이 먼저 올지는 아무도 모릅니다.

不要以为时间还早，不要以为年纪

还小，不要以为生命很长，

不要以为过了今天还有明天过了

明天还有后天，每个人都不知道

死亡和明天哪一个会先来。

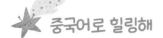
爱情其实是一种习惯，

Àiqíng qíshí shì yì zhǒng xíguàn,

你习惯生活中有他。

nǐ xíguàn shēnghuó zhōng yǒu tā.

他习惯生活中有你。

Tā xíguàn shēnghuó zhōng yǒu nǐ.

拥有的时候不觉得什么，

Yōngyǒu de shíhou bù juéde shénme,

一旦失去，却仿佛失去了所有。

yídàn shīqù, què fǎngfú shīqùle suǒyǒu.

사랑은 습관과도 같은 것.
당신 삶에 그가 있음을, 그 역시 삶에 내가 있음을 적응해 가는 것.
소유하고 있을 땐 모르다가도
일단 잃고 나면 마치 전부를 잃은 듯한 것.

爱情其实是一种习惯，

你习惯生活中有他。

他习惯生活中有你。

拥有的时候不觉得什么，

一旦失去，却仿佛失去了所有。

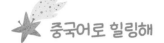
我们说没有永恒， 因为同一朵花

Wǒmen shuō méiyǒu yǒnghéng, yīnwèi tóng yì duǒ huā

不会重现。 我们愿意相信永恒，

bú huì chóngxiàn. Wǒmen yuànyì xiāngxìn yǒnghéng,

因为一朵花凋谢之后，

yīnwèi yì duǒ huā diāoxiè zhī hòu,

会成为另一朵花的养分，生生不息。

huì chéngwéi lìng yì duǒ huā de yǎngfèn, shēng shēng bù xī

우리는 영원한 건 없다고 말합니다. 같은 꽃이 또 다시 피어나진 않으니까요.
우리는 영원을 믿고 싶어합니다.
꽃은 시들고 난 후에도,
또 다른 꽃의 양분이 되어 계속 삶을 이어가니까요.

我们说没有永恒，因为同一朵花

不会重现。我们愿意相信永恒，

因为一朵花凋谢之后，

会成为另一朵花的养分，生生不息。

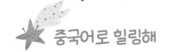 

改变，永远不嫌晚。

Gǎibiàn, yǒngyuǎn bù xián wǎn.

无论你是几岁，

Wúlùn nǐ shì jǐ suì,

也无论你目前所处的境况有多糟，

yě wúlùn nǐ mùqián suǒ chǔ de jìngkuàng yǒu duō zāo,

只要立定正确目标，一步一步往前走，

zhǐyào lìdìng zhèngquè mùbiāo, yíbù yíbù wǎngqián zǒu,

人生随时都有翻盘的可能性。

rénshēng suíshí dōu yǒu fānpán de kěnéngxìng.

변화란, 언제든 늦지 않습니다.
당신의 나이가 몇이든,
현재 얼마나 열악한 상황에 처해 있든,
뚜렷한 목표를 세워 두고, 한 걸음씩 나아간다면,
인생은 언제나 역전이 가능하니까요.

改变,永远不嫌晚。

无论你是几岁,

也无论你目前所处的境况有多糟,

只要立定正确目标,一步一步往前走,

人生随时都有翻盘的可能性。

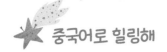
不懂时, 别乱说。

Bù dǒng shí, bié luàn shuō.

懂得时, 别多说。

Dǒngde shí, bié duō shuō.

心乱时, 慢慢说。

Xīn luàn shí, mànmàn shuō.

没话时, 就别说。

Méi huà shí, jiù bié shuō.

모를 땐, 함부로 말하지 않고.
알고 있을 땐, 말을 줄일 것.
마음이 복잡할 땐, 천천히 이야기하고.
할 말이 없을 땐, 말하지 말 것.

不懂时，别乱说。

懂得时，别多说。

心乱时，慢慢说。

没话时，就别说。

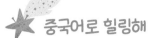 

他人的鲜血淋漓，

Tārén de xiānxuè línlí,

都不如自己手指上的

dōu bùrú zìjǐ shǒuzhǐ shang de

一丝擦伤来得刻骨铭心。

yìsī cāshāng lái de kè gǔ míng xīn.

要想真正体谅别人的痛，

Yào xiǎng zhēnzhèng tǐliàng biérén de tòng,

必然自己也受过同样的痛。

bìrán zìjǐ yě shòuguò tóngyàng de tòng.

피를 뚝뚝 흘리는 타인의 아픔보다도 자신의 손가락 위에 난 상처가 더 커 보이는 법이다.
같은 상처를 겪어 본 사람만이 다른 사람의 아픔을 진심으로 이해할 수 있다.

他人的鲜血淋漓，

都不如自己手指上的

一丝擦伤来得刻骨铭心。

要想真正体谅别人的痛，

必然自己也受过同样的痛。

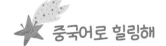
有人说, 如果你很想要一样东西,

Yǒu rén shuō, rúguǒ nǐ hěn xiǎng yào yíyàng dōngxi,

就放它走。如果它回来找你,

jiù fàng tā zǒu. Rúguǒ tā huílái zhǎo nǐ,

那么它永远都是你的。

nàme tā yǒngyuǎn dōu shì nǐ de.

要是它没有回来, 那么不用再等了,

Yàoshi tā méiyǒu huílái, nàme bú yòng zài děng le,

因为它根本就不是你的。

yīnwèi tā gēnběn jiù bú shì nǐ de.

누가 그러는데, 갖고 싶은 게 있거든 놓아 주래.
언젠가 널 찾아오면 그건 영원히 네 것이 되는 거고,
오지 않는다면 애초에 그건 네 것이 아닌 거니까,
더 이상 기다릴 필요 없는 거라고.

有人说，如果你很想要一样东西，

就放它走。如果它回来找你，

那么它永远都是你的。

要是它没有回来，那么不用再等了，

因为它根本就不是你的。

世上不爱的理由和借口有很多：

Shìshàng bú ài de lǐyóu hé jièkǒu yǒu hěn duō:

忙, 累, 没感觉, 不合适, 为你好……

máng, lèi, méi gǎnjué, bù héshì, wèi nǐ hǎo……

而爱的表现只有一个：

Ér ài de biǎoxiàn zhǐ yǒu yí ge:

就想和你在一起。

jiù xiǎng hé nǐ zài yìqǐ.

'바빠', '피곤해', '느낌이 없어',
'우린 맞지 않아', '널 위해서야'……
사랑하지 않음에 대한 수많은 이유와 핑계들.
그러나 사랑의 표현은 오로지 하나다.
'그저 너와 함께 하고 싶다'고.

世上不爱的理由和借口有很多:

忙,累,没感觉,不合适，为你好……

而爱的表现只有一个:

就想和你在一起。

내 마음대로 연습장

잘라서 보관해 주세요 ♡ 당신의 마음을 가득 담아 케이크를 완성해요♡

# 祝你今天愉快

# 오늘 하루 즐겁게 보내

祝你今天愉快

# 一切都会好的

# 다 잘 될 거야

一切都会好的

# 往事清零
# 重新开始

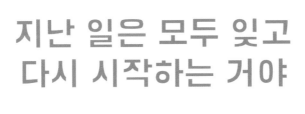

# 지난 일은 모두 잊고
# 다시 시작하는 거야

往事清零，重新开始

# 从明天开始减肥

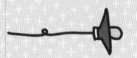

# 다이어트는 내일부터

从明天开始减肥

不忘初心

# 초심을 잃지 말자

不忘初心

이 페이지를 예쁘게 써서 지그재그 접은 후 마음에 드는 선물과 함께 보내요

# 好好珍惜
# 每个瞬间

# 매 순간을 소중히

好好珍惜每个瞬间

# 爱需要练习

# 사랑은 연습이 필요해

爱需要练习

# 不撒娇会死

# 애교 빼면 시체

不撒娇会死

손글씨로 예쁘게 써서 자르는 두 마음을 선물해 보세요

# 属于我的小确幸

# 나만의 소확행

属于我的小确幸

손글씨를 예쁘게 써서나 자나의 마음을 줄 선물함 보내요

# 我们一起走花路吧

# 우리 같이 꽃길만 걸어요

我们一起走花路吧

今日事，今日毕！

컬러풀한 다꾸를 완성해 보세요 일상을 스티커로 장식하고 스케줄을 만들어 보세요

# 오늘 일은 오늘 끝내기!

今日事, 今日毕！

# 劳逸结合

# 적당히 일하고 적당히 쉬기

劳逸结合

可能幸福在等我

# 아마 행복이
# 날 기다리고 있을 거야

可能幸福在等我

単身美好

# 솔로는 아름다워

单身美好

# 禁止熬夜

# 밤샘 금지

禁止熬夜

소중한 사람에게 건네 보세요. 손글씨를 예쁘게 담아 줄 엽서입니다.

# 快乐的事
# 正在排队呢

# 신나는 일들이 줄을 서 있어

快乐的事正在排队呢

차라의 손글씨 스티커

生日

约会

纪念日

生日

生日

婚礼

纪念日

约会

约会

婚礼

婚礼

圣诞节

圣诞节

电影

电影

减肥

减肥

出差

减肥

出差

出差

演唱会

减肥

演唱会

面试

演唱会

面试

面试

面试